Œufs cocotte

Stéphanie Bulteau

Photographies Éric Fénot

Stylisme Delphine Brunet

SOLAR
EDITIONS

Si vous souhaitez recevoir notre catalogue et être tenu au courant de nos publications, envoyez-nous vos nom et adresse, en citant ce livre et en précisant les domaines qui vous intéressent.

Éditions SOLAR
12, avenue d'Italie
75013 Paris

Internet : www.solar.fr

Aux trois « M » si chers à mon cœur

Maman et Mamie… les deux femmes de ma vie

et Maxime, mon petit bonhomme, « p'tit chef », meilleur ami et bien plus encore…

Direction littéraire : Corinne Cesano
Édition : Delphine Depras
Responsable artistique : Vu Thi
Graphisme : Julia Philipps
Collaboration éditoriale : Magali Marquet
Mise en pages : Chantal Guézet
Fabrication : Laurence Ledru
Photogravure : Point 4

ISBN : 978-2-263-04823-4
Code éditeur : S04823/02
Dépôt légal : octobre 2009
Imprimé en France par Pollina - L51948
Suite du premier tirage

Sommaire

Introduction

Chaleureux et raffinés, gourmands et originaux : comment résister au charme de ces nouveaux œufs cocotte, qui osent tous les styles et toutes les saveurs ? Plus que de simples œufs cuits au four dans un peu de crème, ils se réinventent aujourd'hui avec malice. Si la sobriété était de mise pour les traditionnels œufs cocotte de nos grand-mères, vous verrez qu'il existe mille et une façons de cuisiner ces petits puits d'onctuosité et de douceur.
Cosmopolites et imaginatifs, ils nous entraînent au fil des saisons dans un merveilleux voyage autour du monde, pour nous concocter de délicieuses recettes inédites à savourer en entrée, en plat ou à l'occasion d'un brunch ; pour recevoir ou tout simplement pour se régaler au quotidien.
Faciles et rapides à réaliser, ils sont aussi très pratiques puisque la majorité des garnitures peuvent être préparées à l'avance. La seule difficulté réside toutefois dans la cuisson parfaite des œufs. Quelques règles vous permettront de maîtriser la technique : préparez un bain-marie dans le four préchauffé afin que l'eau soit frémissante quand vous y placerez vos ramequins et veillez à ce que la garniture soit toujours chaude afin qu'elle ne retarde pas le début de la cuisson.
Vous remarquerez qu'il n'y a pas d'indication de temps de cuisson pour les œufs : il dépend de leur grosseur et de la puissance du four. N'attendez surtout pas que le blanc soit totalement pris, mais retirez les œufs du bain-marie quand il est encore bien baveux. Le temps de servir, les œufs seront à point avec un blanc moelleux et un jaune bien coulant.
Enfin, n'oubliez pas le petit plus : les mouillettes, pour plonger dans ces concentrés de bonheur à déguster à la petite cuillère !

Œufs cocotte d'antan, topinambours et noix

Pour 4 personnes

4 œufs

35 cl de lait

500 g de topinambours

100 g de pommes de terre bintje

1 grosse gousse d'ail

1 bouquet garni

1/4 cube de bouillon de poule dégraissé

1 bonne pincée de muscade râpée

60 g de cerneaux de noix

Poivre du moulin

Retrouvez les saveurs d'autrefois avec cette entrée au chic rustique incomparable ! Pour un autre voyage nostalgique, réalisez la recette avec des rutabagas.

• Épluchez les topinambours et les pommes de terre puis coupez-les en petits dés. Mettez-les dans une casserole avec l'ail émincé, le cube de bouillon, le bouquet garni, la muscade, du poivre et le lait. Mélangez et faites cuire 15 à 20 minutes à couvert sur feu doux.

• Préchauffez le four à 210 °C (th. 7) et placez-y un bain-marie. Récupérez les légumes avec une écumoire (réservez le lait) et mixez-les jusqu'à l'obtention d'une purée.

• Mixez la moitié des noix en fine poudre et hachez grossièrement le reste au couteau. Filtrez le lait de cuisson des légumes puis transvasez-le dans une petite casserole et ajoutez-lui les noix. Chauffez tout doucement et laissez infuser 5 minutes sur feu très doux.

• Répartissez la crème de noix au fond de quatre ramequins. Recouvrez de purée de topinambours et cassez un œuf dans chaque ramequin. Enfournez au bain-marie et surveillez la cuisson. N'attendez pas que le blanc soit totalement pris ; arrêtez la cuisson lorsqu'il est encore bien baveux : le temps de servir, la cuisson des œufs sera parfaite !

Pour les mouillettes, toastez des tranches de pain de campagne, taillez-les en bâtonnets et enroulez autour de fines tranches de poitrine fumée grillées à la poêle.

Œufs cocotte forestiers au poivre vert

Pour 4 personnes

4 œufs

40 g de beurre

50 cl de lait

350 g de champignons de Paris

150 g de shiitakes frais (champignons chinois parfumés)

2 petites gousses d'ail

40 g de farine

3 cuill. à café de grains de poivre vert (en saumure)

2 cuill. à soupe d'huile d'olive

Sel

Le poivre vert, charmeur de papilles, donne aux champignons une note fruitée et corsée terriblement gourmande. Variez les plaisirs avec des cèpes ou des morilles.

• Lavez les champignons. Émincez finement les champignons de Paris et taillez les shiitakes en grosses lamelles. Faites-les revenir ensemble à la poêle dans l'huile bien chaude. Salez. Lorsqu'ils sont bien dorés, ajoutez l'ail haché et poursuivez la cuisson quelques instants. Réservez.

• Préchauffez le four à 210 °C (th. 7) et placez-y un bain-marie. Dans un mortier, écrasez les grains de poivre vert au pilon jusqu'à l'obtention d'une pâte.

• Dans une casserole, faites fondre le beurre à feu doux. Ajoutez la farine avant qu'il ne colore. Laissez ensuite cuire 2 à 3 minutes sans cesser de remuer avec une cuillère en bois. Versez le lait en une seule fois. Salez et faites cuire en remuant bien jusqu'à ce que le mélange épaississe et nappe la cuillère.

• Rectifiez l'assaisonnement en sel si nécessaire. Ajoutez le poivre vert et les champignons à cette béchamel ; mélangez bien.

• Répartissez le tout dans quatre ramequins, cassez un œuf dans chacun et enfournez au bain-marie. Surveillez la cuisson et stoppez-la lorsque le blanc d'œuf est encore bien baveux : le temps de servir, les œufs seront à point !

Servez avec des bâtonnets de baguette au sésame. Et pour une entrée encore plus gourmande, enroulez des tranches de jambon de Parme autour de ces mouillettes.

Œufs cocotte au chutney d'oignons

Pour 4 personnes

4 œufs

320 g de crème fraîche

400 g d'oignons

2 gousses d'ail

Le jus de 2 oranges

6 cl de vin blanc sec

2 cuill. à soupe de sauce soja

4 cuill. à soupe de confiture de fruits rouges

2 cuill. à soupe d'huile d'olive

Sel et poivre du moulin

Très tendance, cette petite entrée ultra-simple et ultra-rapide est parfaite pour séduire vos invités en un tour de main.

• Chauffez l'huile dans une poêle et faites-y revenir longuement les oignons émincés. Poivrez. S'ils colorent trop rapidement, ajoutez un peu d'eau et laissez évaporer.

• Dans une jatte, mélangez la confiture avec la sauce soja, le jus des oranges, le vin et l'ail haché.

• Préchauffez le four à 210 °C (th. 7) et placez-y un bain-marie. Quand les oignons sont bien dorés, versez dessus le mélange précédent et laissez-les caraméliser jusqu'à l'obtention d'un confit d'oignons.

• Chauffez la crème dans une casserole. Salez et poivrez. Versez-en la moitié dans le fond de quatre petits ramequins. Répartissez le chutney d'oignons, recouvrez du reste de crème et cassez un œuf dans chaque ramequin.

• Enfournez les œufs au bain-marie et surveillez la cuisson. Retirez-les quand le blanc est encore bien baveux. Le temps de servir, ils seront à point ! Salez et poivrez les œufs à votre goût.

Pour les mouillettes, faites griller des pains polaires (pains suédois) et taillez-les en longs bâtonnets ou servez les œufs cocotte avec des mouillettes de baguette au pavot.

Œufs cocotte truite fumée et fourme d'Ambert

Pour 4 personnes

4 œufs

280 g de crème fraîche

180 g de fourme d'Ambert

200 g de truite fumée

Poivre du moulin

En hommage à l'Auvergne, à ses torrents et à ses produits de terroir si chaleureux, voici une entrée fine à arroser d'un petit verre de saint-pourçain.

• Préchauffez le four à 210 °C (th. 7) et placez-y un bain-marie.

• Prélevez quatre fines lamelles de truite pour le décor puis coupez le reste en petits morceaux.

• Retirez la croûte de la fourme d'Ambert. Coupez le fromage en dés puis faites-le fondre tout doucement dans une casserole. Incorporez ensuite la crème fraîche, mélangez bien et laissez fondre le tout jusqu'à l'obtention d'un coulis bien onctueux et homogène.

• Versez un peu de ce coulis dans le fond de quatre petits ramequins. Ajoutez la truite fumée puis nappez généreusement de coulis. Cassez un œuf dans chaque ramequin et décorez d'une lamelle de truite fumée.

• Enfournez au bain-marie et surveillez la cuisson. N'attendez surtout pas que le blanc soit totalement cuit. Arrêtez la cuisson lorsqu'il est encore bien baveux. Poivrez selon votre convenance et servez.

Des mouillettes de pain de campagne grillées accompagneront ces œufs à merveille.

Œufs cocotte au pesto de noix de coco

Pour 4 personnes

4 œufs

280 g de crème fraîche

200 g de lieu noir (sans les arêtes)

80 g de haricots plats

1 petit oignon

1 petite gousse d'ail

10 grandes feuilles de basilic
+ quelques-unes pour le décor

15 g de noix de coco râpée

3 cuill. à soupe d'huile d'olive
+ un filet

Sel et poivre du moulin

Cette entrée est la candidate idéale pour un petit dîner en tête à tête ; n'oubliez pas les bougies ! À défaut de haricots plats, utilisez des haricots verts ou une carotte taillée en julienne.

• Lavez, équeutez puis coupez les haricots plats en tronçons de 5 cm. Émincez-les ensuite dans la longueur et faites revenir ces bâtonnets dans une sauteuse avec 1 cuillerée à soupe d'huile et l'oignon émincé. Salez légèrement et laissez fondre.

• Pour le pesto, mixez l'ail avec le basilic. Versez dans un bol puis ajoutez la noix de coco et 2 cuillerées à soupe d'huile d'olive. Salez, poivrez et mélangez bien.

• Préchauffez le four à 210 °C (th. 7) et placez-y un bain-marie. Quand les haricots sont cuits, ajoutez le poisson coupé en dés (ni trop gros, ni trop petits). Salez, poivrez et laissez cuire quelques minutes.

• Incorporez ensuite le pesto et faites sauter quelques instants avant d'ajouter la crème. Laissez fondre puis répartissez la préparation dans quatre ramequins larges et peu profonds (type petits moules à tartelettes en porcelaine).

• Cassez un œuf dans chacun et enfournez au bain-marie. Laissez cuire les œufs. Lorsque le blanc est encore bien baveux, retirez-les du four, donnez un tour de moulin à poivre et décorez d'une feuille de basilic et d'un filet d'huile d'olive. Le temps de servir, la cuisson des œufs sera parfaite !

Accompagnez ces œufs cocotte de triangles de pain grillé.

STAUB

Œufs cocotte carotte et pain d'épice

Pour 4 personnes

4 œufs

35 cl de lait

600 g de carottes

1 petite gousse d'ail

50 g de pain d'épice

1 cuill. à café de vinaigre balsamique + un filet pour la finition

1 cuill. à soupe d'huile d'olive

Sel et poivre du moulin

Les copains viennent dîner ce soir ? Pas de souci, vous avez votre entrée ! Des œufs cocotte pleins de malice qui en épateront plus d'un.

• Chauffez l'huile dans une sauteuse et faites-y revenir les carottes coupées en tout petits dés. Salez et poivrez. Lorsqu'elles sont bien moelleuses et légèrement dorées, ajoutez le vinaigre puis 30 g de pain d'épice coupé en dés, et laissez revenir encore 5 à 10 minutes.

• Préchauffez le four à 210 °C (th. 7) et placez-y un bain-marie. Dans une casserole, chauffez tout doucement le lait avec l'ail haché et le reste de pain d'épice émietté. Mélangez vivement au fouet pour bien dissoudre le pain d'épice et homogénéiser le tout.

• Hors du feu, versez le lait sur les carottes, mélangez bien puis répartissez carottes et lait dans quatre petits plats creux individuels. Cassez un œuf dans chacun et enfournez au bain-marie. Surveillez la cuisson et stoppez-la lorsque le blanc d'œuf est encore bien baveux.

• Salez et poivrez les œufs puis décorez d'un filet de vinaigre.

Servez ces œufs accompagnés de rondelles de baguette grillée.

Œufs cocotte de saint-jacques au sésame

Pour 4 personnes

4 œufs

270 g de crème fraîche

500 g de petites noix de saint-jacques sans corail

1 grosse carotte

2 gousses d'ail

3 cuill. à soupe de ciboulette ciselée

3 cuill. à soupe de graines de sésame + un peu pour le décor

20 g de chips chinoises à la crevette

1 cuill. à soupe d'huile de sésame

1 cuill. à soupe d'huile d'olive

Sel et poivre du moulin

Le raffinement de ces œufs cocotte n'a d'égal que leur voluptueuse onctuosité.

• Chauffez l'huile d'olive dans une poêle et faites-y revenir la carotte taillée en petits dés. Ajoutez ensuite les noix de saint-jacques et laissez-les dorer. Salez et poivrez. Parsemez de graines de sésame et réservez le tout au chaud.

• Préchauffez le four à 210 °C (th. 7) et placez-y un bain-marie. Dans une casserole, chauffez tout doucement la crème avec l'ail haché, la ciboulette, du sel et du poivre. Laissez infuser quelques minutes puis parfumez avec l'huile de sésame.

• Répartissez les saint-jacques dans quatre petits plats ronds et peu profonds ou dans de jolis ramequins. Nappez de crème de sésame, ajoutez les chips chinoises grossièrement émiettées et cassez un œuf dans chaque plat.

• Parsemez de quelques graines de sésame et enfournez au bain-marie. Surveillez la cuisson des œufs et retirez-les du four lorsque le blanc est encore bien baveux. Le temps de servir, la cuisson des œufs sera parfaite !

Pour rester dans cette ambiance asiatique, les chips chinoises à la crevette feront de sublimes mouillettes.

Œufs cocotte « souvenir de Crète »

Pour 4 personnes

4 œufs

200 g de crème fraîche

200 g de feta

150 g de concombre

150 g de tomates

30 g d'oignon rouge

1 cuill. à café de baies roses

1 cuill. à soupe rase d'origan

1 cuill. à soupe de vinaigre d'alcool coloré

6 cuill. à soupe d'huile d'olive

1 cuill. à soupe de miel liquide (facultatif)

Sel et poivre du moulin

Ainsi revisitée, la mythique salade grecque a de quoi surprendre ! Dégustez la cuillerée de salade à la fin, pour vous rafraîchir, ou mélangez-la à l'œuf pour une expérience de chaud-froid très sympathique !

• Lavez le concombre, coupez-le en deux dans la longueur, ôtez les graines, puis sans le peler, taillez-le en tout petits dés. Lavez les tomates, épépinez-les et coupez-les également en petits dés.

• Mélangez concombre et tomate, ajoutez l'oignon haché au couteau et assaisonnez avec 2 cuillerées à soupe d'huile d'olive, le vinaigre, du sel et du poivre. Répartissez cette petite salade dans quatre cuillères à soupe chinoises et réservez au frais.

• Préchauffez le four à 210 °C (th. 7) et placez-y un bain-marie. Dans une casserole, mélangez la feta émiettée avec 4 cuillerées à soupe d'huile d'olive, l'origan et du poivre. Incorporez ensuite la crème et chauffez doucement jusqu'à l'obtention d'un mélange bien onctueux et homogène.

• Versez cette crème de feta dans quatre petits ramequins, cassez un œuf dans chacun et enfournez au bain-marie. Surveillez la cuisson des œufs et retirez-les du four lorsque le blanc est encore bien baveux. Arrosez les œufs d'un filet de miel et parsemez de baies roses concassées.

• Présentez chaque ramequin dans une petite assiette avec une cuillerée de salade grecque.

Des œufs cocotte aux succulents accents égéens à servir avec des petites pitas toastées.

Œufs cocotte « La vie en rose »

Pour 4 personnes

4 œufs

60 g de mascarpone

100 g de tarama aux œufs de cabillaud

250 g de betterave cuite

1 gousse d'ail

Le jus de 1 citron

Sel et poivre du moulin

Totalement insolite : quand le tarama prend la betterave dans ses filets, on voit la vie en rose... Tout le secret réside dans l'alchimie terre-mer, juste réveillée par une larme de citron.

• Préchauffez le four à 210 °C (th. 7) et placez-y un bain-marie. Pelez la betterave, coupez-la en morceaux puis mixez-la avec l'ail haché, le mascarpone, un peu de sel et du poivre jusqu'à l'obtention d'une purée homogène.

• Incorporez ensuite le tarama et 6 cuillerées à soupe de jus de citron. Mélangez bien et rectifiez l'assaisonnement en sel si nécessaire. Répartissez la préparation (d'un rose superbe !) dans quatre petits ramequins et enfournez au bain-marie pour 10 minutes.

• Cassez ensuite un œuf dans chaque ramequin et enfournez à nouveau au bain-marie. Surveillez la cuisson des œufs et retirez-les du four lorsque le blanc est encore bien baveux. Poivrez à votre convenance.

Servez avec des petits blinis toastés ou de grands blinis taillés en bâtonnets.

Œufs cocotte au potimarron et au reblochon

Pour 4 personnes

4 œufs

300 g de crème fraîche

150 g de reblochon

15 cl de lait

800 g de chair de potimarron (soit un potimarron de 1,5 kg environ)

5 gousses d'ail

1/2 cuill. à café de muscade râpée

1 cuill. à café d'herbes de Provence (ou de thym)

10 g d'amandes effilées

Sel et poivre du moulin

Parfum de terroir, finesse et douceur extrême, tels sont les atouts que nous offre ici le subtil mariage du potimarron et d'un fromage des hauts alpages. Bienvenue au cœur de l'automne.

• Coupez le potimarron en deux, retirez les pépins, épluchez-le puis taillez sa chair en cubes. Mettez-le à cuire dans une grande casserole d'eau froide salée avec 2 gousses d'ail émincées et les herbes de Provence. Comptez 30 minutes environ sur feu moyen. La chair doit s'écraser facilement.

• Chauffez la crème et le lait avec les gousses d'ail restantes hachées, du sel et du poivre. Laissez infuser 15 minutes sur feu doux. Gardez ensuite au chaud. Préchauffez le four à 210 °C (th. 7) et placez-y un bain-marie. Égouttez bien le potimarron puis mixez-le jusqu'à l'obtention d'une purée. Ajoutez la muscade, 1 cuillerée à soupe de crème parfumée, du sel et un peu de poivre. Mélangez.

• Retirez la croûte du reblochon et coupez-le en petits dés.

• Versez 1 cuillerée à soupe de crème d'ail dans le fond de quatre grands ramequins. Recouvrez de purée de potimarron, puis de dés de reblochon. Nappez du reste de crème et cassez un œuf dans chaque ramequin. Parsemez d'amandes, enfournez au bain-marie et surveillez la cuisson des œufs. Lorsque le blanc est encore bien baveux, retirez-les du four, donnez un tour de moulin à poivre et servez aussitôt.

Pour accompagner ces chaleureuses saveurs automnales, rien de tel que des mouillettes de pain d'épice grillé.

Œufs cocotte au lait de coco

Pour 4 personnes

8 œufs

20 cl de lait de coco

150 g de lardons fumés

280 g de mini-champignons de Paris

150 g de tomates cerises

3 oignons

3 gousses d'ail

2 cuill. à soupe de gingembre frais, épluché et haché

2 cuill. à soupe de coriandre ciselée

Sel et poivre du moulin

Quand les saveurs d'ici s'allient aux saveurs d'ailleurs, la rencontre est des plus enflammées. Une recette éclair et simplissime pour surprendre en un clin d'œil.

• Dans une poêle, sans matière grasse, faites revenir les oignons émincés avec les lardons. Lorsqu'ils sont bien dorés, ajoutez les champignons entiers (ou coupés en quatre si vous utilisez de gros champignons) et laissez-les fondre.

• Incorporez ensuite le gingembre et l'ail hachés puis les tomates cerises. Poivrez légèrement et laissez cuire quelques minutes.

• Préchauffez le four à 210 °C (th. 7) et placez-y un bain-marie. Réchauffez le lait de coco dans une casserole, puis versez-en 1 cuillerée à soupe dans le fond de quatre ramequins. Répartissez-y successivement les tomates cerises, la moitié de la coriandre puis la farce aux champignons.

• Cassez 2 œufs dans chaque ramequin. Salez, poivrez, puis ajoutez le reste de coriandre et de lait de coco, en veillant à ne pas recouvrir les jaunes. Enfournez au bain-marie et surveillez la cuisson des œufs. Lorsque le blanc est encore bien baveux, retirez-les du four.

Servez avec des petites tranches toastées de pain de seigle, ou de pain aux céréales.

Œufs cocotte au canard, au chou vert et au curry

Pour 4 personnes

4 œufs

380 g de crème fraîche

2 cuisses de canard confites

350 g de chou vert

150 g de carottes

4 gousses d'ail

3 cuill. à café rases de curry de Bombay (doux)

Sel et poivre du moulin

Quoi de plus réconfortant après une froide journée d'hiver que ces œufs cocotte onctueux au confit de canard et au chou ?

- Émincez et lavez le chou. Épluchez et taillez les carottes en petits dés, puis plongez carottes et chou dans une casserole d'eau bouillante pendant 5 minutes. Égouttez.
- Préchauffez le four à 210 °C (th. 7) et placez-y un bain-marie.
- Chauffez 2 cuillerées à soupe de graisse du confit de canard dans une sauteuse et faites-y revenir le chou et les carottes. Salez et poivrez. Lorsqu'ils sont bien fondants, ajoutez le curry et l'ail haché. Poursuivez la cuisson 5 minutes.
- Retirez la graisse et la peau tout autour des cuisses de canard. Effilochez la chair et incorporez-la au chou. Faites revenir quelques instants avant d'ajouter la crème. Mélangez et laissez fondre jusqu'à l'obtention d'une préparation bien homogène.
- Répartissez la farce dans quatre grands ramequins, cassez un œuf dans chacun et enfournez au bain-marie. Surveillez la cuisson et stoppez-la lorsque le blanc d'œuf est encore bien baveux. Salez et poivrez les œufs selon votre convenance, et servez.

Proposez ces œufs avec des petits pains aux noix.

Tomato cocotte à l'avocat et au lard

Pour 4 personnes

4 œufs

10 fines tranches de poitrine fumée

4 grosses tomates à farcir (250 g chacune environ)

3 avocats (pas trop gros)

1 cuill. à soupe de sauge hachée + 4 feuilles pour le décor

4 cuill. à soupe de moutarde de Dijon

Sel et poivre du moulin

Une originalité gorgée de soleil qui séduit les papilles autant que les pupilles ! Côté herbes, choisissez votre préférée et parfumez l'avocat avec de la coriandre, de la menthe ou du basilic.

• Préchauffez le four à 210 °C (th. 7). Découpez un chapeau pas trop large dans chaque tomate. Évidez-les avec une petite cuillère puis retournez-les pour les faire dégorger.

• Mixez la chair des avocats avec 3 cuillerées à soupe de moutarde, la sauge, du sel et du poivre, jusqu'à l'obtention d'une purée onctueuse. Taillez 4 tranches de poitrine fumée en fines lanières puis faites-les bien dorer à la poêle. Incorporez-les ensuite à l'avocat.

• Salez et poivrez l'intérieur des tomates. Badigeonnez-les du reste de moutarde, puis répartissez-y la purée d'avocat. Mettez-les dans un petit plat et enfournez pour 20 minutes.

• Coupez les tranches de lard restantes en deux puis faites-les griller à la poêle. Retirez les tomates du four et placez-y un bain-marie. Creusez un petit puits dans la purée d'avocat et cassez délicatement un œuf dedans. Enfournez le plat au bain-marie dès que celui-ci est bien chaud.

• Surveillez la cuisson des œufs. N'attendez surtout pas que le blanc ait cuit totalement. Stoppez la cuisson quand il est encore bien baveux. Pour servir, alignez trois morceaux de lard au milieu de quatre assiettes. Déposez-y les tomates, poivrez et décorez d'une feuille de sauge.

Accompagnez ces œufs de triangles de pain grillé.

Œufs cocotte campagnards

Pour 4 personnes

4 œufs

380 g de crème fraîche

1 camembert

2 saucisses de Montbéliard

6 fines tranches de poitrine fumée

300 g d'épinards frais

100 g d'oignons

50 g de croûtons à l'ail

Sel et poivre du moulin

Pittoresques, ces œufs ! Déclinez-les selon votre goût avec du munster, du livarot ou du roquefort. Vous l'aurez compris, ils adorent les sensations fortes et les parfums typés.

• Taillez la poitrine fumée en larges tronçons puis faites-la bien griller dans une poêle sans matière grasse. Réservez. À la place, faites revenir l'oignon émincé. S'il colore trop vite, ajoutez un peu d'eau et laissez évaporer. Incorporez ensuite les épinards lavés et laissez fondre. Poivrez.

• Préchauffez le four à 210 °C (th. 7) et placez-y un bain-marie. Plongez les saucisses dans une casserole d'eau bouillante et laissez cuire 10 minutes. Coupez-les en rondelles, puis chaque rondelle en quatre. Mélangez ensuite la saucisse et la poitrine fumée avec les épinards.

• Retirez la croûte du camembert et coupez-le en petits dés. Salez et poivrez la crème puis réchauffez-la doucement.

• Versez un peu de crème dans le fond de quatre ramequins. Répartissez-y la préparation campagnarde, ajoutez le camembert et nappez de crème.

• Cassez un œuf dans chaque ramequin, rajoutez un peu de crème et répartissez les croûtons dessus.

• Enfournez au bain-marie. Surveillez la cuisson et arrêtez-la lorsque le blanc d'œuf est encore bien baveux. Poivrez et servez.

Proposez ces œufs cocotte avec de belles tranches de pain de campagne grillées.

Œufs cocotte « made in China »

Pour 4 personnes

4 œufs

360 g de ricotta

500 g de crevettes roses cuites

120 g de germes de soja frais

100 g de carotte

2 gousses d'ail

Le jus de 2 citrons verts

1 cuill. à soupe d'aneth ciselée + 4 brins pour le décor

2 cuill. à soupe de sauce soja

2 cuill. à soupe d'huile d'olive

Sel et poivre du moulin

*Un exquis périple au pays de la prospérité joyeuse à déguster à la petite cuillère !
Bon voyage...*

• Décortiquez les crevettes (réservez-en quatre pour le décor, en veillant à laisser le dernier anneau et la queue) puis coupez-les en deux dans la longueur.

• Chauffez l'huile dans une poêle et faites-y sauter la carotte taillée en julienne et les germes de soja. Quand ils sont bien tendres, ajoutez les crevettes, l'ail haché puis la sauce soja et du poivre. Laissez cuire quelques instants et incorporez l'aneth.

• Préchauffez le four à 210 °C (th. 7) et placez-y un bain-marie. Mélangez la ricotta avec le jus des citrons verts. Salez et poivrez, puis chauffez-la au micro-ondes. Répartissez-en la moitié dans le fond de quatre ramequins, ajoutez les crevettes sautées et nappez du reste de ricotta.

• Cassez un œuf dans chaque ramequin, piquez les crevettes réservées dans le blanc et enfournez au bain-marie. Surveillez la cuisson des œufs. N'attendez surtout pas que le blanc soit totalement pris. Lorsqu'il est encore bien baveux, retirez les ramequins du four, poivrez et décorez d'un brin d'aneth. Le temps de servir, la cuisson des œufs sera parfaite.

Pain de campagne, baguette, pain au son… Choisissez votre chouchou pour les accompagner. Grillé ou frais, c'est comme vous l'aimez.

Œufs cocotte en ragoût d'agneau

Pour 4 personnes

4 œufs

4 cuill. à soupe de crème fraîche

400 g d'agneau (pointe de gigot ou épaule désossée)

200 g de petits pois surgelés

150 g de carotte

2 échalotes

2 gousses d'ail

1 gros oignon

30 g de beurre

50 cl de vin rouge

1/2 cuill. à café rase de quatre-épices

Sel et poivre du moulin

Un p'tit ragoût express caché sous des œufs fondants, ça c'est une belle surprise ! Encore meilleur réchauffé, préparez-le la veille et faites cuire les œufs au dernier moment.

• Au mixer, hachez finement la carotte avec les échalotes et l'oignon. Ajoutez ensuite l'agneau coupé en dés et hachez-le grossièrement en donnant juste quelques brèves impulsions.

• Dans une sauteuse, faites revenir longuement ce hachis dans le beurre chaud. Salez et poivrez. Quand la viande est bien dorée, incorporez l'ail haché, le quatre-épices et le vin. Mélangez et laissez mijoter 30 minutes à couvert. Ajoutez les petits pois et poursuivez la cuisson 5 minutes.

• Préchauffez le four à 210 °C (th. 7) et placez-y un bain-marie. Mettez 1 cuillerée à soupe de crème dans le fond de quatre grands ramequins. Salez, poivrez puis répartissez-y le ragoût d'agneau. Cassez un œuf dans chaque ramequin et enfournez au bain-marie.

• Surveillez la cuisson des œufs et n'attendez surtout pas que le blanc ait cuit totalement. Stoppez la cuisson lorsqu'il est encore bien baveux. Le temps de servir, les œufs seront parfaits ! Salez et poivrez à votre convenance.

Pour les mouillettes, misez sur du pain au levain ou du pain complet.

Œufs cocotte au colombo de lentilles

Pour 4 personnes

4 œufs

280 g de crème fraîche

90 g de lardons fumés

200 g de lentilles brunes

1 petite carotte

1 oignon

1 gousse d'ail

1 bonne cuill. à café de moutarde de Dijon

1 étoile de badiane

1 cuill. à soupe rase de colombo

Sel et poivre du moulin

Si vous avez envie d'évasion, embarquez-vous immédiatement pour l'Inde avec ces œufs richement épicés. Il y a du dépaysement dans l'air !

• Rincez les lentilles, mettez-les dans une casserole avec la badiane et couvrez d'eau froide. Ne salez surtout pas. Faites-les cuire 25 minutes environ sur feu moyen.

• Pendant ce temps, dans une sauteuse, faites bien revenir les lardons avec l'oignon émincé et la carotte taillée en julienne, sans ajouter de matière grasse. S'ils colorent trop vite, ajoutez quelques cuillerées de l'eau de cuisson des lentilles et laissez évaporer.

• Préchauffez le four à 210 °C (th. 7) et placez-y un bain-marie.

• Vérifiez la cuisson des lentilles : elles doivent être fondantes mais sans s'écraser. Égouttez-les en conservant 10 cl de jus de cuisson. Incorporez les lentilles et le jus aux lardons. Salez légèrement et poivrez. Ajoutez ensuite l'ail haché, le colombo, la moutarde et la crème. Mélangez bien puis laissez mijoter 5 minutes. Retirez la badiane.

• Répartissez le tout dans quatre ramequins, cassez un œuf dans chacun et enfournez au bain-marie. Surveillez la cuisson des œufs et n'attendez surtout pas que le blanc soit totalement pris. Stoppez la cuisson quand il est encore bien baveux.

Proposez ces œufs cocotte avec des naans (pains indiens) grillés et coupés en triangles.

Œufs cocotte agata, crème de chèvre à la menthe

Pour 4 personnes

4 œufs

4 cuill. à soupe de crème fraîche

300 g de bûche de chèvre

4 grosses pommes de terre agata (300 g chacune)

1 gousse d'ail

4 cuill. à soupe de menthe hachée + quelques feuilles pour le décor

Sel et poivre du moulin

C'est un pur régal ! La forme des pommes de terre est essentielle : choisissez-les calibrées, dodues, profondes et surtout avec une surface plane afin qu'elles se tiennent bien dans l'assiette.

• Lavez les pommes de terre. Mettez-les dans une grande casserole, recouvrez-les d'eau froide salée et portez à ébullition. Faites-les ensuite cuire à feu moyen et à couvert 40 minutes environ. Vérifiez la cuisson avec la pointe d'un couteau.

• Dans une casserole, faites fondre le chèvre écroûté avec l'ail haché, du sel et du poivre. Ajoutez ensuite la crème puis la menthe grossièrement hachée au couteau. Mélangez bien et gardez au chaud.

• Préchauffez le four à 210 °C (th. 7) et placez-y un bain-marie. Égouttez les pommes de terre. Découpez délicatement un chapeau dans chacune d'elles avec la pointe d'un couteau. Videz-les avec une petite cuillère en veillant à laisser des bords assez épais. Écrasez ensuite la chair retirée avec une fourchette.

• Alignez les pommes de terre dans un plat allant au four. Versez un peu de crème de chèvre dedans. Ajoutez 1 cuillerée à café de purée et répartissez dessus le reste de crème de chèvre jusqu'à 2 cm du bord.

• Cassez un œuf dans chaque pomme de terre et enfournez le plat au bain-marie. Surveillez la cuisson des œufs et n'attendez surtout pas que le blanc soit totalement pris. Stoppez la cuisson quand il est encore bien baveux. Poivrez et décorez d'une feuille de menthe.

Présentez les coques de pommes de terre dans des assiettes avec une tombée de jeunes pousses bien assaisonnées et agrémentées de rondelles de radis et de tomates cerises.

Œufs cocotte bacon et cheddar

Pour 4 personnes

8 œufs

8 cuill. à café de crème fraîche

4 tranches de fromage fondu spécial hamburger (cheddar)

6 tranches de bacon

2 poireaux

1 salade verte

2 oignons rouges

3 gousses d'ail

1 cuill. à soupe de gingembre frais, épluché et haché

3 cuill. à soupe de ciboulette ciselée

2 cuill. à café de graines de moutarde

2 cuill. à soupe d'huile d'olive

Sel et poivre du moulin

Des cocottes bien garnies aux saveurs enjôleuses que vous accompagnerez de crackers ou de flûtes au sésame. Bonne soirée...

• Chauffez l'huile dans une poêle et faites-y dorer les oignons émincés. Lavez les poireaux, coupez-les en fines rondelles puis ajoutez-les aux oignons. Salez, poivrez et laissez fondre.

• Préchauffez le four à 210 °C (th. 7) et placez-y un bain-marie. Lavez la salade, taillez le bacon en lanières et coupez le fromage en morceaux.

• Quand les poireaux sont bien moelleux, ajoutez le gingembre et l'ail hachés, le bacon et 2 cuillerées à soupe de ciboulette. Poursuivez la cuisson 5 minutes, puis réservez. À la place, faites revenir les feuilles de salade jusqu'à ce qu'elles flétrissent.

• Déposez 1 cuillerée à café de crème dans le fond de quatre grands ramequins. Répartissez successivement dessus le mélange poireaux-bacon, la salade cuite et le fromage. Cassez 2 œufs dans chaque ramequin. Ajoutez ensuite 1 cuillerée à café de crème, puis parsemez de graines de moutarde et du reste de ciboulette.

• Enfournez au bain-marie et surveillez la cuisson des œufs. N'attendez surtout pas que le blanc soit totalement pris. Stoppez la cuisson lorsqu'il est encore bien baveux. Poivrez ; le temps de servir, les œufs seront à point !

Œufs cocotte Parmentier au boudin noir

Pour 4 personnes

4 œufs

230 g de crème fraîche

500 g de boudin noir

600 g de pommes de terre bintje

3 gousses d'ail

1 pomme golden

1 cuill. à soupe de moutarde de Dijon

1 cuill. à café d'huile d'olive

Sel et poivre du moulin

Des œufs cocotte au boudin noir façon hachis Parmentier : il y a des petits plats tout simples et très bons qui réchauffent le cœur ! Boudin noir antillais ou aux oignons, c'est à vous de choisir.

• Préchauffez le four à 210 °C (th. 7). Épluchez, lavez puis coupez les pommes de terre en petits dés. Mettez-les dans une casserole avec l'ail émincé et du sel. Couvrez d'eau froide, portez à ébullition et faites-les cuire.

• Piquez les boudins noirs, disposez-les dans un plat et enfournez pour 15 minutes.

• Pelez la pomme et coupez-la en petits dés. Faites-la cuire à feu doux et à couvert dans une casserole avec l'huile et une pincée de poivre. Laissez bien fondre. Écrasez-la ensuite à la fourchette puis incorporez 180 g de crème. Salez, poivrez et chauffez doucement le tout.

• Retirez les boudins du four. À la place, chauffez-y un bain-marie. Égouttez les pommes de terre. Écrasez-les à la fourchette jusqu'à l'obtention d'une fine purée. Rectifiez l'assaisonnement en sel si besoin, puis incorporez la moutarde et le reste de crème.

• Ôtez la peau des boudins. Répartissez-les dans quatre grands ramequins, tassez légèrement puis nappez d'un peu de crème parfumée à la pomme. Ajoutez une bonne couche de purée, lissez la surface, nappez du reste de crème parfumée et cassez un œuf dans chaque ramequin.

• Enfournez au bain-marie et surveillez la cuisson des œufs. Quand le blanc est encore bien baveux, sortez-les du four. Le temps de servir, la cuisson des œufs sera parfaite. Salez et poivrez à votre convenance.

Œufs cocotte au maïs

Pour 4 personnes

4 œufs

2 cuill. à soupe de crème fraîche

380 g de maïs égoutté

200 g de poivron vert

140 g de tomates

1 oignon

1 gousse d'ail

2 cuill. à soupe d'estragon ciselé

1 cuill. à soupe d'huile d'olive

Sel et poivre du moulin

Une super idée pour le soir. Avec une petite salade verte et un verre de vin, vous obtenez un délicieux plateau-télé équilibré, pour vous régaler l'esprit léger.

• Chauffez l'huile d'olive dans une sauteuse et faites-y revenir le poivron taillé en petits dés avec l'oignon émincé. Salez et poivrez.

• Mixez le maïs avec l'ail, l'estragon, la crème, du sel et du poivre jusqu'à l'obtention d'une purée onctueuse et homogène.

• Préchauffez le four à 210 °C (th. 7) et placez-y un bain-marie. Quand les poivrons sont bien dorés, ajoutez les tomates coupées en petits dés et laissez-les fondre. Répartissez ensuite le tout dans le fond de quatre grands ramequins.

• À la place, chauffez doucement la purée de maïs dans la poêle. Répartissez-la dans les quatre ramequins et cassez un œuf dans chacun. Enfournez au bain-marie et surveillez la cuisson des œufs. N'attendez surtout pas que le blanc ait cuit totalement. Stoppez la cuisson quand il est encore bien baveux. Poivrez et servez.

Pour les mouillettes, pensez aux incontournables tacos. Sinon, proposez les œufs cocotte avec du délicieux pain au maïs que vous trouverez chez la plupart des boulangers.

Œufs cocotte polenta, chorizo et mimolette

Pour 4 personnes

4 œufs

90 cl de lait

100 g de mimolette

100 g de chorizo

100 g de polenta

6 gousses d'ail

1 pincée de piment d'Espelette

Sel et poivre du moulin

Il y a du moelleux et de la tendresse dans ces petits ramequins ! Déclinez-les également avec du lait de coco, du gouda au cumin, du parmesan ou du comté.

• Dans une casserole, chauffez le lait avec le chorizo coupé en petits dés, l'ail haché, du sel et du poivre. Laissez ainsi infuser 5 à 10 minutes à feu doux.

• Préchauffez le four à 210 °C (th. 7) et placez-y un bain-marie.

• Versez la polenta en pluie dans le lait et faites-la cuire à feu doux sans cesser de remuer jusqu'à ce qu'elle se détache des parois. Ajoutez alors la mimolette taillée en dés et mélangez bien jusqu'à ce que le fromage soit totalement fondu.

• Répartissez la polenta dans quatre ramequins et cassez un œuf dans chacun. Parsemez de piment d'Espelette, enfournez au bain-marie et surveillez la cuisson des œufs. Quand le blanc est encore bien baveux, c'est le moment de sortir les cocottes du four. Le temps de servir, la cuisson des œufs sera parfaite.

Accompagnez d'une salade de mesclun agrémentée de quelques feuilles de roquette, de lamelles de fenouil cru et de dés de poivron rouge, assaisonnée avec une huile d'olive bien fruitée.

Les œufs cocotte des p'tits bouts de chou

Pour 4 personnes

4 œufs

4 cuill. à soupe de crème fraîche

5 cl de lait

5 portions de Vache qui rit®

130 g de talon de jambon blanc

60 g de tomate

100 g de coquillettes

Sel et poivre du moulin

Futés et ludiques, pour les dîners des petits, ils sauront aussi se faire apprécier par tous les grands enfants. Il y a de la nostalgie dans ce plat un brin régressif…
et c'est si bon !

• Faites cuire les coquillettes dans un grand volume d'eau salée. Coupez le jambon et la tomate en petits dés.

• Dans une casserole, faites fondre sur feu doux la Vache qui rit® avec la crème jusqu'à ce que le mélange soit bien lisse. Salez et poivrez. Hors du feu, ajoutez le lait.

• Préchauffez le four à 210 °C (th. 7) et placez-y un bain-marie. Égouttez les coquillettes, puis incorporez-leur le jambon, la tomate et la crème de Vache qui rit®. Mélangez bien puis répartissez le tout dans quatre ramequins.

• Cassez un œuf dans chacun et enfournez au bain-marie. Surveillez la cuisson des œufs. Stoppez-la lorsque le blanc est encore bien baveux. Le temps de servir, les œufs seront parfaits.

Des bâtonnets de pain de mie grillés plongeront avec délice dans ces œufs cocotte d'une douceur incomparable. Pour d'autres saveurs, essayez aussi la recette avec des lardons fumés ou du jambon cru.

Œufs cocotte aux merguez, coulis de poivron rouge

Pour 4 personnes

4 œufs

4 cuill. à soupe de crème fraîche

4 merguez

2 poivrons rouges

2 gousses d'ail

1 oignon rouge

3 cuill. à café de thym

2 cuill. à soupe d'huile d'olive

Sel et poivre du moulin

Des mouillettes de pitas grillées seront d'agréables compagnes pour ces œufs aux senteurs du Sud. Avec quelques dés de crottin de Chavignol en plus, ils seront irrésistibles !

• Chauffez l'huile dans une poêle et faites-y revenir les poivrons taillés en petits dés. Salez et poivrez. Commencez la cuisson à feu vif puis laissez fondre sur feu doux. Ajoutez ensuite l'ail haché, 2 cuillerées à café de thym et 5 cl d'eau chaude. Couvrez et laissez mijoter à feu doux.

• Piquez les merguez puis faites-les revenir dans une autre poêle sans ajouter de matière grasse. Lorsqu'elles ont rejeté un peu de graisse, ajoutez l'oignon émincé et laissez bien dorer.

• Préchauffez le four à 210 °C (th. 7) et placez-y un bain-marie. Mettez 1 cuillerée à café de crème dans le fond de quatre grands ramequins. Égouttez rapidement les merguez et l'oignon. Coupez celles-ci en rondelles et répartissez le tout dans les ramequins.

• Mixez les poivrons et versez ce coulis sur les merguez. Cassez un œuf dans chaque ramequin, ajoutez 1 cuillerée à café de crème et parsemez-la de thym. Enfournez au bain-marie et surveillez la cuisson des œufs. N'attendez surtout pas que le blanc ait cuit totalement. Stoppez la cuisson lorsqu'il est encore bien baveux. Le temps de servir, les œufs seront parfaits.

Œufs cocotte à la ricotta et aux légumes du soleil

Pour 4 personnes

4 œufs

80 g de ricotta

20 g de parmesan râpé

6 tomates

1 petite aubergine

120 g de bettes

4 gousses d'ail

1/2 cuill. à café de lavande séchée

2 cuill. à soupe d'huile d'olive

Sel et poivre du moulin

Parsemez votre quotidien d'un brin de bonne humeur avec ces œufs cocotte méditerranéens. Sans lavande, utilisez du thym ou du romarin pour parfumer la compotée de tomates.

- Dans une sauteuse, chauffez 1 cuillerée à soupe d'huile d'olive et faites-y revenir les tomates taillées en quartiers. Salez et poivrez. Lorsqu'elles ont bien fondu, ajoutez la lavande et l'ail haché, et poursuivez la cuisson quelques minutes. Réservez.

- Préchauffez le four à 210 °C (th. 7) et placez-y un bain-marie. Séparez les côtes des feuilles de bettes. Chauffez l'huile restante dans la sauteuse et faites-y d'abord dorer les côtes de bettes émincées avec l'aubergine coupée en dés. Salez et poivrez. Ajoutez ensuite les feuilles de bettes et laissez-les fondre.

- Répartissez la moitié des tomates dans le fond de quatre ramequins. Ajoutez la poêlée de légumes puis recouvrez de ricotta détendue à la fourchette. Terminez en nappant le tout de tomates et cassez un œuf dans chaque ramequin. Parsemez de parmesan et enfournez au bain-marie.

- Surveillez la cuisson des œufs mais n'attendez surtout pas que le blanc soit totalement cuit. Stoppez la cuisson quand il est encore bien baveux et servez aussitôt.

N'oubliez pas les mouillettes de fougasse, nature ou aux olives…

Œufs cocotte « oriental feeling »

Pour 4 personnes

8 œufs

130 g de thon à l'huile

150 g de pois chiches égouttés

600 g de tomates

2 gousses d'ail

2 cuill. à soupe de persil plat haché + quelques brins pour le décor

3 cuill. à café de ras el-hanout

5 cl de vin blanc sec

Sel et poivre du moulin

Pour une ambiance ensoleillée et savoureusement rythmée, c'est LA recette à faire à l'improviste quand les amis restent dîner.

• Dans une sauteuse, faites revenir quelques minutes le thon dans son huile. Ajoutez ensuite les tomates coupées en petits dés. Salez, poivrez et laissez-les bien fondre. Comptez 15 minutes environ.

• Préchauffez le four à 210 °C (th. 7) et placez-y un bain-marie. Incorporez ensuite, dans le thon aux tomates, l'ail haché, le ras el-hanout, le persil grossièrement haché au couteau et le vin. Laissez mijoter 10 minutes à feu doux. Ajoutez enfin les pois chiches rincés et égouttés, et poursuivez la cuisson 5 minutes.

• Répartissez la préparation dans quatre grands ramequins, cassez 2 œufs dans chacun et enfournez au bain-marie. Surveillez la cuisson des œufs et n'attendez surtout pas que le blanc soit totalement pris. Stoppez la cuisson lorsqu'il est encore bien baveux. Donnez un tour de moulin à poivre et décorez d'un brin de persil. Le temps de servir, les œufs seront parfaits.

Indispensables… les rondelles de baguette au pavot pour plonger dans ces cocottes à l'orientale.

Œufs cocotte aigres-doux, bœuf et cacahuètes

Pour 4 personnes

4 œufs

200 g de crème fraîche

350 g de bœuf haché

3 tomates moyennes

2 gousses d'ail

2 oignons

60 g de cacahuètes

4 cuill. à soupe de miel liquide

2 cuill. à soupe de sauce soja
+ quelques gouttes

6 cl de vinaigre d'alcool coloré

2 cuill. à soupe d'huile d'olive

Poivre du moulin

Une ambiance décontractée enrobe ce bon petit plat qui est à partager en famille, sans chichi ! À essayer aussi avec des noix de cajou.

• Chauffez l'huile dans une sauteuse et faites-y revenir les oignons émincés. Lorsqu'ils sont bien dorés, ajoutez les tomates coupées en dés et laissez fondre. Incorporez ensuite le bœuf, poivrez et faites bien revenir le tout.

• Mélangez le miel avec le vinaigre, la sauce soja, l'ail haché et les cacahuètes coupées en morceaux.

• Préchauffez le four à 210 °C (th. 7) et placez-y un bain-marie. Quand la viande est cuite, incorporez la préparation précédente et laissez cuire à feu doux 5 à 10 minutes.

• Déposez 1 cuillerée à café de crème dans le fond de quatre ramequins puis répartissez la farce au bœuf. Nappez de crème et cassez un œuf dans chaque ramequin. Enfournez au bain-marie et surveillez la cuisson des œufs. N'attendez pas que le blanc soit totalement pris. Stoppez la cuisson quand il est encore bien baveux. Décorez d'un filet de sauce soja et servez aussitôt.

Accompagnez ces œufs de mouillettes de pain grillé.

Œufs cocotte au céleri et au sirop d'érable

Pour 4 personnes

4 œufs

4 cuill. à café de crème fraîche

1 kg de céleri-rave

5 gousses d'ail

2 cuill. à soupe de moutarde de Dijon

1 cuill. à café rase de cumin en poudre

1 pincée de graines de cumin

3 cuill. à soupe de sirop d'érable

Sel et poivre du moulin

Quel tempérament ! Vous allez adorer ce jeu de cache-cache entre les saveurs authentiques et typées du céleri, du sirop d'érable, du cumin et de la moutarde.

• Épluchez le céleri, coupez-le en petits dés et mettez-le dans une casserole avec l'ail émincé. Salez, poivrez et recouvrez d'eau froide. Portez à ébullition puis faites cuire sur feu doux et à couvert pendant 20 à 25 minutes.

• Mélangez la moutarde avec le sirop d'érable et le cumin en poudre.

• Préchauffez le four à 210 °C (th. 7) et placez-y un bain-marie. Vérifiez la cuisson du céleri avec la pointe d'un couteau puis égouttez-le. Mixez-le ensuite jusqu'à ce que vous obteniez une purée homogène. Rectifiez l'assaisonnement en sel, si besoin.

• Versez 1 cuillerée à café de moutarde épicée dans le fond de quatre grands ramequins. Répartissez dessus la purée de céleri. Faites un petit puits au centre et ajoutez 1 cuillerée à café de crème, puis nappez le tout du reste de moutarde. Cassez un œuf dans chaque ramequin, parsemez le blanc de graines de cumin et enfournez au bain-marie.

• Surveillez la cuisson des œufs. N'attendez pas que le blanc soit totalement pris. Stoppez la cuisson lorsqu'il est encore bien baveux. Poivrez et servez aussitôt.

Les mouillettes ne sont pas indispensables ici. Accompagnez plutôt ces œufs cocotte d'une salade verte bien croquante avec quelques rondelles d'oignon cru ; assaisonnez le tout d'un filet d'huile d'olive et de vinaigre balsamique.

Tendre Souvenir d'Enfance

Voici la recette des œufs cocotte de ma maman, tout simples mais si réconfortants, ceux que j'attendais avec délice et impatience après une rude journée d'école et qui faisaient fondre mes soucis enfantins…

Œufs cocotte à l'estragon

Pour 4 personnes

• Préchauffez le four à 210 °C (th. 7) et placez-y un bain-marie.

• Mettez 1 cuillerée à soupe de crème fraîche dans le fond de quatre petits ramequins. Salez, poivrez et ajoutez quelques brins d'estragon ciselés. Cassez un œuf dans chaque ramequin et étalez 1 cuillerée à café de crème sur les œufs, sans recouvrir les jaunes.

• Enfournez au bain-marie. Surveillez la cuisson des œufs et stoppez-la lorsque le blanc est encore bien baveux. Salez, poivrez et servez avec des mouillettes de pain de campagne grillé.

Des œufs pleins d'idées

À la place de l'estragon, il y a une multitude d'ingrédients que vous pouvez utiliser pour d'infinies variations gourmandes :

• Mélangez la crème à des herbes variées (coriandre, ciboulette, persil, sauge…), à du pesto, à de la moutarde de Dijon ou à l'ancienne, ou encore à une épice (muscade râpée, curry, safran, paprika…) ; parfumez-la aussi tout simplement avec quelques gouttes de sauce soja et des baies de poivre concassées.

• Ajoutez au cœur de la crème des lardons poêlés, des dés de jambon, des tranches de coppa, quelques cuillerées d'œufs de poisson, des lanières de saumon fumé ou de haddock, des dés de saint-nectaire, de roquefort, de crottin de Chavignol ou des copeaux de parmesan.

• Enfin, avec quelques pelures de truffes ou quelques morceaux de bloc de foie gras, ces œufs cocotte seront à la fête.

Délice Express

Œufs cocotte à la tapenade

Pour 4 personnes

• Préchauffez le four à 210 °C (th. 7) et placez-y un bain-marie.

• Mixez 50 g d'olives vertes ou noires, dénoyautées, avec 1 petite gousse d'ail, 2 cuillerées à soupe d'huile d'olive, 1 pincée de thym, du sel et du poivre.

• Versez 1 cuillerée à soupe de crème fraîche dans quatre ramequins, répartissez la tapenade dessus et cassez un œuf dans chacun.

• Enfournez au bain-marie. Surveillez la cuisson des œufs et stoppez-la lorsque le blanc est encore bien baveux. Servez avec des mouillettes de fougasse.

Duo de Charme

Pour un repas complet et copieux, rien de tel que ces œufs cocotte et leur tartine gourmande…

Tartines jambon-mozzarella

Pour 4 tartines

• Faites revenir 2 oignons émincés dans 3 cuillerées à soupe d'huile d'olive. Poivrez-les et laissez-les confire. S'ils colorent trop vite, ajoutez un peu d'eau et laissez évaporer.

• Répartissez-les sur 4 belles tranches de pain, ajoutez 2 tranches de jambon cru taillé en lamelles puis recouvrez avec 200 g de mozzarella coupée en fines rondelles. Parsemez d'origan et enfournez 15 minutes à mi-hauteur dans le four préchauffé à 240 °C (th. 8). Enveloppez-les dans de l'aluminium et réservez.

Douceur d'œufs cocotte, poireaux-cardamome

Pour 4 personnes

• Faites revenir 600 g de blancs de poireau finement émincés dans 2 cuillerées à soupe d'huile d'olive. Salez, poivrez et laissez fondre doucement. Prélevez les graines de 5 gousses de cardamome verte et concassez-les. Quand les poireaux sont bien moelleux, ajoutez la cardamome et poursuivez la cuisson 5 minutes.

• Préchauffez le four à 210 °C (th. 7) et placez-y un bain-marie. Mixez les poireaux avec 150 g de crème fraîche jusqu'à l'obtention d'une fine purée. Répartissez-la dans quatre ramequins, cassez un œuf dans chacun et enfournez au bain-marie.

• Surveillez la cuisson des œufs et stoppez-la lorsque le blanc est encore bien baveux. Servez chaque cocotte avec une tartine.

Dans le même esprit, remplacez la purée de poireaux par une purée de carottes au cumin ou une purée de pommes de terre liée à l'huile d'olive et parfumée au parmesan râpé…

Cocottes Astucieuses

La devise des œufs cocotte : se régaler sans limite… ou l'art de sublimer les restes !

• Quand il vous reste de la blanquette, du bœuf bourguignon, de la poule au riz, du coq au vin, du navarin, du tajine ou tout autre ragoût et mijoté, n'hésitez pas à les transformer en œufs cocotte.

• Effilochez la viande, coupez les légumes en petits morceaux et garnissez-en des ramequins. Et si des pâtes, du riz ou de la semoule étaient de la partie, ajoutez-les aussi… Nappez avec la sauce, cassez un œuf dans chacun et faites cuire au bain-marie, au four préchauffé à 210 °C (th. 7).

• En un clin d'œil, métamorphosez aussi un reste de ratatouille, de poêlée de légumes ou de simple sauce tomate en délicieux œufs cocotte.

Index des recettes